Nach den Regeln der neuen deutschen Rechtschreibung
Lizenzausgabe für Findling Buchverlag Lüneburg GmbH, D-21339 Lüneburg
ISBN 3-937054-08-1

Lithografie: Photolitho AG, Gossau ZH
Gesetzt in der Bauer Bodoni, 10 Punkt
Druck: Proost N.V., Turnhout

Kleiner Dodo
was spielst du?

Eine Geschichte von Serena Romanelli
mit Bildern von Hans de Beer

Findling Buchverlag Lüneburg

Seit dem frühen Morgen regnet es in Strömen im Urwald, und Dodo,
der kleine Orang-Utan, langweilt sich. Er sitzt einfach da und hört
den Tropfen zu, wie sie auf seinen Schirm klopfen.

Plötzlich dröhnt Motorenlärm durch das Rauschen des Regens.
Ein Lastwagen brummt über die alte Urwaldstraße. Er rumpelt über
einen großen Stein, und ein Paket fällt vom Laster. Dodo springt herbei.
Neugierig reißt er die Schnur auf, wühlt mit Händen und Füßen im
Paket und zieht eine schwarze Schachtel heraus: schwarz wie ein
Panther, glänzend wie eine Schlange.

Dodo schüttelt die Schachtel. Da muss etwas drin sein.

In der Schachtel ist ein Ding, das noch mehr glänzt. Dodo beschnuppert es und stößt es mit den Fingern an. Zzzinnngggg! – Es tönt wie ein Schrei. Erschrocken springt Dodo hinter einen Busch. Warum hat das Ding so geschrien? Ist es ein Tier? Es bewegt sich aber nicht.

Die Neugier des kleinen Dodo ist größer als seine Angst. Er nimmt den Stock aus der Schachtel und pikt das Ding. Da, wieder dieser Ton! Das gefällt Dodo. Er nimmt das Ding aus der Schachtel und kitzelt es immer wieder, damit es tönt. Dodo ist begeistert. Das wird Mama und Papa auch gefallen.

Aber komisch, niemand freut sich. Mama findet, das Ding mache nur Lärm, unerträglichen Lärm, und sie steckt sich Bananen in die Ohren, um nichts zu hören.

Eines Tages sieht Mama, wie Vater Tapir, der gerade vorbeispaziert,
plötzlich stehen bleibt und lauscht. Dann tänzelt er fröhlich davon.

Am nächsten Tag kommt er wieder, diesmal mit seiner
ganzen Familie.

»Was ist da los?«, fragt ihn Dodos Mama. Damit sie seine Antwort
verstehen kann, muss sie die Bananen aus den Ohren nehmen. Was für
eine Überraschung! Dodo macht keinen Lärm mehr auf dem Ding.
Nein, er macht wunderbare Töne!

Mehr und mehr Tiere kommen herbei. Sie klatschen in ihre Pfoten,
und Frau Leopard wirft Dodo sogar eine Blume zu.

Dodo legt das Dingsbums überhaupt nicht mehr weg. Doch eines
Morgens, als er sich von Baum zu Baum schwingt, bricht ein Ast ab.
Dodo kann sich gerade noch an einer Liane festhalten, aber das
Dingsbums fällt – platsch! – in den Fluss.

　　Schnell klettert Dodo hinunter, um das Dingsbums zu retten.
Da öffnet sich ein riesiges Maul und beißt es in Stücke.

　　»Nicht gut für meine Zähne, aber gut für meine Ohren«, sagt
Arnold, das Krokodil. »Jetzt wird's hier endlich wieder ruhig.«

　　Dodo sieht das kaputte Dingsbums auf dem Wasser davontreiben
und beginnt zu weinen.

Viele Tage sind vergangen, aber Dodo ist noch immer traurig. Er spielt mit niemandem, er spricht mit niemandem, und er frisst auch nichts. Papa und Mama bringen ihm seine Lieblingsfrüchte, aber Dodo rührt sie nicht an.

»Ob Onkel Darwin ihm helfen kann?«, fragt Mama.

»Gute Idee«, sagt Papa, »der sammelt ja die merkwürdigsten Dinge. Ich gehe sofort zu ihm.«

Als Papa einige Tage später mit einem riesigen Sack auf den Schultern zurückkommt, ist Dodo aufgeregt. Jetzt krieg ich ein neues Dingsbums, denkt er. Alles Mögliche ist im Sack, aber kein Dingsbums für Dodo. Während seine Freunde sich mit all den neuen Sachen vergnügen, steht Dodo ganz traurig daneben. Am liebsten würde er losheulen.

»Aber Dodo, ein Dingsbums hatte Onkel Darwin nicht«, sagt Papa.

»Bist du ganz sicher?«, fragt Dodo. »Habt ihr wirklich gut gesucht? Bitte, lass uns nochmals nachschauen.«

Am nächsten Morgen machen sie sich in aller Frühe auf den Weg.
Sie schwingen sich von Ast zu Ast, von Baum zu Baum, bis sie an einen
Fluss kommen. Papa zieht einen Baumstamm heran, und zum ersten
Mal in seinem Leben macht der kleine Dodo eine Schifffahrt. Begeistert
betrachtet er sein Spiegelbild im Wasser und vergisst beinahe, weshalb
sie unterwegs sind.

»Hallo! Schon wieder da?«, begrüßt sie Onkel Darwin. »Warst du nicht zufrieden mit den Musikinstrumenten, kleiner Dodo?«

»Musikinstrumente? Ich wollte doch ein Dingsbums, aber es war keins dabei.«

»Das tut mir Leid. Jetzt kannst du selbst nachschauen, ob nicht doch ein – wie sagtest du? –, ein Dingsdings herumsteht. Geh nur in die Höhle, da ist all der Krimskrams, den ich auf meinen Reisen gesammelt habe.«

Dodo geht schnurstracks hinunter in die Höhle. Als seine Augen sich an das Dunkel gewöhnt haben, sieht er rundum die unglaublichsten Sachen aufgestapelt.

Onkel Darwin und Papa kommen auch in die Höhle.

»Dodo, sag mal, wie hat das Dingsdings denn ausgesehen?
Und wie hast du es zum Tönen gebracht? Hast du hineingeblasen?
Oder hast du draufgeschlagen?«

Dodo zeichnet das Dingsbums in den Sand und sagt: »Ich habe es
einfach so gehalten… und dann mit diesem Stock…«

»Eine Geige!«, ruft Onkel Darwin. »Das muss eine Geige gewesen
sein. Jetzt wissen wir, wonach wir suchen müssen.«

Onkel Darwin und Papa beginnen zwischen den Sachen herum-
zustöbern, und der kleine Dodo klettert auf einen hohen Stapel von
Kisten und Kästen.

»Geige, Geige«, murmelt er vor sich hin. Plötzlich ruft er aufgeregt:
»Da! Schaut! Da hinten!«

Dodo hat einen schwarzen Kasten entdeckt: schwarz wie ein
Panther, glänzend wie eine Schlange.

Papa holt den Kasten und öffnet den Deckel: Eine riesengroße Geige
kommt zum Vorschein.

»Ein bisschen zu groß für dich«, sagt Onkel Darwin. Dodo sagt
nichts. Er braucht seine ganze Kraft, um das Riesending zu halten.
Plötzlich strahlt er. »Das ist eine Mutter-Geige. Und wo eine Mutter ist,
da ist auch ein Kind.«

»Mutter-Geige, hahaha!«, sagt Onkel Darwin. »Das ist doch ein
Cello. Du glaubst wohl, dass Geigen Nester bauen und Kinder kriegen?«
Lachend lehnt sich Onkel Darwin gegen den Stapel hinter ihm, und im
nächsten Augenblick purzelt alles drunter und drüber.

Als die Staubwolken sich gelegt haben, schreit Dodo: »Daaaa!
Ich hab's ja gewusst!« Und wirklich, im offenen Kühlschrank liegt ein
kleiner, schwarzer Kasten.

Dodo zupft zwei-, dreimal an den Saiten und spielt eine schöne Melodie.

»Das habe ich für dich gespielt, Onkel Darwin, als Dank.« Dann packt er seine Geige ein, und sie verabschieden sich.

Als Papa und Dodo beinahe zu Hause sind, hören sie plötzlich einen ungeheuren Lärm. Gleich darauf sehen sie Mama auf ihrem Baum sitzen – sie hat wieder Bananen in den Ohren. Beide schauen verwundert hinauf, da rennt Vater Tapir sie fast über den Haufen.

»Was ist hier los?«, ruft Dodos Papa verärgert.

»Ach, nichts Besonderes. Wir haben das jetzt öfters«, sagt Vater Tapir und rennt weiter.

Jetzt sehen sie, was los ist: Dodos Freunde spielen auf den Instrumenten, die Papa das letzte Mal gebracht hat. Sie machen einen schauderhaften Lärm! Aber sie haben einen Riesenspaß.

Doch der Lärm dauert nicht lange. Dodos Freunde lernen schnell, wie man richtig Musik macht. Und abends, wenn es im Urwald nicht mehr regnet, geben sie ein Konzert. Alle Tiere lauschen, und manchmal tanzen sie auch vergnügt miteinander.

Dann und wann aber, wenn die Nächte besonders klar sind, klettert der kleine Dodo auf einen hohen Baum. Dort oben, ganz allein, spielt er eine kleine Nachtmusik – für den Dschungel und den Mond.